Published by Positive Directions Inc Self-Publishing Services, Milwaukee, WI 53218

www.positivedirectionsinc.weebly.com

Puedes sobrevivir a través del cuidado de crianza

Diario de crianza

Escrito por: Godella Petty

Dedicación

Este libro está dedicado a todos los niños que están en hogares de acogida o que han estado en hogares de acogida.

Hoy me convertí en un niño adoptivo.

(Inserta tu foto)

Tengo un nuevo hogar con otros niños adoptivos.

Amo a mi mami y a mi papi. Amo a mis hermanos y hermanas.

(Inserta tu foto)

Extraño a mis amigos y mi escuela.

(Inserte los nombres de un amigo)

Utilice las siguientes páginas para insertar sus sentimientos.

Date con ellos para que puedas usarlos para mirar atrás.

My Daily Journal   Today's Date _______________

This made me laugh today:

____
____
____

This made me sad today:

____
____
____

I worried about this today:

____
____
____

The best part of the day was:

____
____
____

Today I'm thankful for:

____
____
____

This is what I'm looking forward to and excited about:

____
____
____

Fecha
Escritura de diario

Fecha
Escritura de diario

Fecha

Escritura de diario

Tengo una nueva escuela. Mi maestra es muy agradable. Daba miedo, pero los niños fueron muy amables conmigo. Tuve un dia divertido.

(Use el espacio de abajo para hacer un dibujo que le recuerde hoy) Fecha:_______________

El viaje en autobús a casa fue lleno de baches y divertido. Manejamos muchos lugares que eran diferentes de ver.

(Encuentre una foto de niños viajando en un autobús escolar)

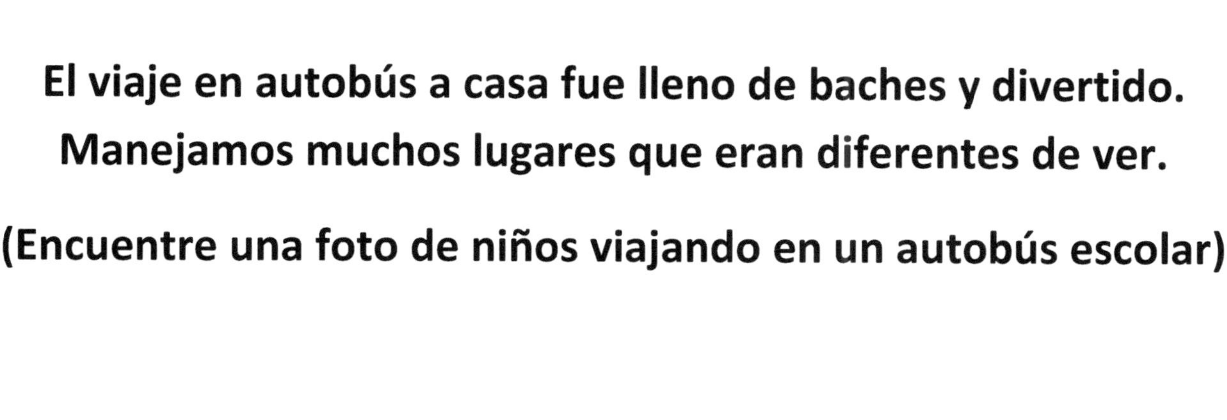

Mi asistente social vino a visitarme hoy y me dio ropa y juguetes nuevos. Ella es amable conmigo y con mi familia.

(Pídale a su padre adoptivo que le tome una foto con su nuevo atuendo)

La trabajadora social me ayuda cuando quiero hablar con mi mamá y mi papá.

(Escribe tu conversación con tu mamá y tu papá)

Me dio una cantidad importante de personas que están en mi caso.

(Anote los números que le dio su asistente social)

____

____

____

____

____

____

____

____

Mi tutor en liam siempre me escucha y me ayuda con cualquier pregunta. Tengo cosas que necesito para tener éxito y ser feliz.

(Escriba cualquier pregunta que pueda tener).

Utilice las siguientes páginas para consultar las fechas, los teléfonos y las visitas de Journal Court.

Fecha
**Escritura de diario

Fecha
Escritura de diario

Hoy tuve una visita para visitar a mi mamá y mi papá, mis hermanos y mi hermana, estoy muy feliz.

(Haz un dibujo de ti y tu familia)

La trabajadora social nos llevó a la corte y todos almorzamos juntos. El juez está ayudando a mi mamá y mi papá a conseguir ayuda para volver a estar juntos. Yeeepie Hurra

(Use el espacio negro para hablar sobre su día).

Vamos a volver a ser una gran familia feliz. Estoy tan feliz como mi familia.

Visita a la revista
¿Cómo fue tu visita hoy?

____

Fecha

Escritura de diario

Al principio no quería estar aquí en mi nuevo hogar de crianza, pero me agradan mis padres de crianza porque me aman y me muestran todos los días que este es mi hogar y que estoy a salvo y amado.

(Haz dibujos de tu nuevo hogar).

Escribe sobre ti hoy.

Journal Page

Date ___/___/___

One word that describes me right now is _______________________

All about me today:

Feeling _______________________

____

Worrying about: _______________________

____

Excited about: _______________________

____

Thinking about: _______________________

____

Picture:

Mis días son buenos y tristes a veces. Cuando estoy triste todos me ayudan. Si alguna vez se siente triste, puede llamar a la trabajadora social y ella vendrá a ayudarlo. Sepa que todo va a estar bien. Y a veces te enviará a hablar con un consejero para que te sientas mucho mejor.

Piense en un momento en que tuvo que visitar a un consejero. ¿Te hizo sentir mejor?

____

Y me ayuda a superar los días nublados. Realmente amo la ayuda que recibo.

Recuerde que las cosas pueden mejorar si coopera con su consejero y su trabajador social.

Bueno, hoy es el día en que volvemos a casa. Y voy a extrañar a mi familia de acogida, mi nueva escuela y todos mis nuevos amigos. Tengo muchas cosas nuevas para llevar a casa. No puedo esperar a dormir en mi cama esta noche. Yeppie Hurra

Nuestra familia ha vuelto a estar unida. Amén.

(Haz un dibujo de ti y tu familia)

Sus experiencias de cuidado de crianza pueden conducir a un final feliz.

Billy se convirtió en dentista y Sara en abogada.